8° T35
28

SOCIÉTÉ D'HISTOIRE NATURELLE DE TOULOUSE

LA RAGE

AU POINT DE VUE PHYSIOLOGIQUE

PAR

Le Colonel E. BELLEVILLE

Membre titulaire de la Société.

(Entretien du 18 décembre 1872)

TOULOUSE	PARIS
Chez MEISSONNIER Père et Fils	CHEZ E. SAVY
Rue Saint-Rome, 28	Rue Hautefeuille, 24

A L'ÉTRANGER, chez les PRINCIPAUX LIBRAIRES

1873

LA RACE

AU POINT DE VUE PHRÉNOLOGIQUE

PAR

Le Colonel E. BÉRENGER

(Membre titulaire de la société)

(Lu à la séance du 9 Décembre 1878)

TOULOUSE	PARIS
Imprimerie Bonnal et Gibrac	Librairie du Bâtit
rue Saint-Rome, 44	rue Gay-Lussac, 25

CHEZ TOUS LES PRINCIPAUX LIBRAIRES

1879

LA RAGE

AU POINT DE VUE PHYSIOLOGIQUE

L'humanité est en proie à des maux qui la désolent, sans qu'on ait pu encore leur opposer autre chose que des palliatifs insuffisants, faute de connaissances approfondies des causes qui les produisent.

La *rage* est de ce nombre, et c'est à son sujet que nous réclamons la bienveillante attention des praticiens pour ce qui va suivre.

Jusqu'à présent, on a fait d'inutiles recherches pour découvrir la nature de la cause de ce mal : d'où vient-il, qu'est-ce qui le produit? Nul ne le sait encore ; on n'a rien découvert, pas même le remède. Mais si infructueuses qu'aient été ces recherches, si stériles que paraissent les études faites sur ce grave sujet, ce n'est pas une raison pour s'arrêter en décourageant les autres ; c'en est une, au contraire, pour chercher encore et toujours, jusqu'à ce qu'enfin on ait atteint le but d'aussi intéressants labeurs.

On accorde de riches et d'honorables récompenses à ceux qui font progresser le grand art de la destruction humaine ; que ne mériterait pas celui qui découvrirait la cause jusqu'ici inconnue de ce mal si terrible !

En attendant cette heure si ardemment désirée, nous venons soutenir des idées qui ne sont pas nouvelles sans doute, mais qui, exposées plus ou moins timidement jusqu'ici, n'en ont été que plus facilement combattues, tandis qu'en élevant la voix aujourd'hui, nous le faisons avec d'autant plus de résolution que notre conviction s'appuie sur des faits qui nous paraissent incontestables.

La race canine a paru être la seule dont les individus portaient en eux le germe du *virus rabique*, se développant spontanément ou par voie d'inoculation.

Ce qui rend le danger plus menaçant encore, c'est que le véhicule est précisément l'être qui se trouve le plus en contact avec l'homme, le chien ! Le seul animal de la création dont on a fait si justement l'éloge dans tous les temps comme dans tous les lieux du monde.

Et c'est cet être que Dieu a donné à l'homme comme un serviteur autant que comme un ami pour le distraire, le consoler et l'aider, qui peut à tout moment devenir l'instrument de ses tortures et de sa mort ? Cela est, puisque les faits le prouvent ; mais voyons s'il serait juste d'imputer à la Providence, si prévoyante toujours, des maux que l'homme, à son insu, se crée souvent à lui-même. Or, quoi qu'on en dise, il est fort possible que ce mal qui nous préoccupe soit précisément un de ceux-là.

La nature n'a pas semé les dangers sous les pas de l'homme sans lui laisser les moyens de les éviter, de les prévenir, de les combattre : les poisons les plus subtils trouvent leur antidote, comme la plupart des maux les plus affligeants trouvent leur remède ; à peu près seule, la rage nous surprend sans défense ; parce qu'on n'a pas assez cherché ou qu'on s'est égaré dans les voies étroites, mal éclairées ; ou bien encore parce qu'on s'est arrêté à la surface des choses, tandis qu'il eût fallu sonder plus profondément. C'est pourquoi il importe qu'on parle et qu'on écoute, tandis que d'autres veulent qu'on se taise.

Sans doute, on ne peut pas plus écouter un ignorant présomptueux qu'un fou qui divague ; mais de là à repousser quand même toutes les idées qui se présentent, c'est trop. Si faibles que soient les lumières qu'on apporte, nous croyons qu'il est plus qu'imprudent d'imposer le silence ; parce que si les uns lisent plus difficilement que d'autres dans le grand livre de la nature, ils n'en sont pas moins dignes d'être écoutés. Qu'on sache bien d'ailleurs que ceux qui croient et qui cherchent ne sont pas toujours inutiles et qu'ils rendent en définitive plus de services que s'ils attendaient du temps seul, comme tant d'autres, le remède aux maux qui désolent parfois l'humanité.

Ce qu'il y a de très-particulièrement remarquable, c'est que la rage se signale fréquemment dans les pays civilisés où les mesures préventives sont le plus en vigueur ; où les lois, suivant les besoins de la civilisation, tendent à la restriction de la race canine, et à peu près sans exemples dans les pays où le chien vit en pleine liberté : appartenant à tout le monde, n'appartenant à personne, pullulant, sans qu'on s'en occupe, se nourrissant, vivant, disparaissant sans qu'on s'en inquiète ni qu'on en soit inquiété. Evidemment il y a là une lueur d'espérance qu'il serait imprudent de laisser éteindre.

On sait que les avis ont été très-partagés sur les causes possibles de la rage. On avait cru d'abord qu'elle était due aux grandes chaleurs ; mais de ce que les cas se sont produits tout autant, si ce n'est plus, pendant les pluies persistantes comme aussi pendant les froids rigoureux, on en a conclu que cette explication n'était pas plus fondée que celle qui l'attribuait à la faim, à la soif, à la mauvaise qualité des aliments ou aux mauvais traitements. Le voyageur Ermann croit au contraire qu'elle est le résultat du régime des villes européennes, c'est-à-dire de l'excès des aliments ; cette opinion ne nous semble pas fondée.

L. Figuier écrit à propos de la *cétoine*, employée comme préservatif de la rage, que dans une contrée que traverse le Volga, la rage s'y déclare assez fréquemment. Ce qui nous porterait à penser qu'elle y a été introduite par des chiens étrangers, c'est que, d'après le voyageur Bogdanoff, les amateurs de grandes chasses se donnent rendez-vous dans les *steppes*, où ils amènent des meutes nombreuses de tous les gouvernements de la Russie méridionale.

Il y a peu d'années, l'Académie des Sciences entendait le compte-rendu d'une enquête faite par la Société protectrice des animaux et par le Conseil de salubrité publique, de laquelle il résulterait que la contrainte imposée aux chiens par l'usage de la muselière provoquait le développement de la rage. Cette opinion est purement gratuite, attendu que partout et en tout temps nous avons vu les chiens s'habituer à la muselière aussi bien que le cheval s'habitue au mors, dont la contrainte est autrement douloureuse que celle de la muselière.

On a écrit enfin que la cause de la rage tenait à une continence trop prolongée du mâle (1). Mais de ce qu'il a été prouvé que la femelle n'échappait pas aux atteintes

---

(1) Les docteurs Boudin, en 1862, et Bénion, en 1867.

de l'affection rabique, on abandonna cette voie qui parut fausse.

Il est possible qu'on se soit trompé sur les agissements du virus, que le mal qui s'en dégage ne puisse être attribué à la transformation d'un certain fluide dû à l'élaboration *sui-generis* des glandes salivaires, cela ne veut pas dire qu'on se soit trompé sur le fond.

Un savant professeur (1) qui n'admet en aucune espèce de façon cette *élucubration*, affirme bien lui-même que le germe de la rage est dans la salive, « qu'il n'est que là, » tandis que d'autres affirment qu'il est dans le cerveau, sans cependant y ajouter la moindre explication. Nous ne voyons pas pourquoi on imposerait silence à ceux qui pensent qu'il est ailleurs.

Il est possible que la voie dans laquelle les premiers se sont rangés ait paru fausse. Quant à l'être réellement, c'est une question qui, suivant nous, exige un examen plus mûrement, plus profondément réfléchi.

Des documents dignes de foi que nous avons pu vérifier nous-même, ont prouvé que la rage était absolument inconnue dans les pays chauds où les chiens jouissent cependant d'une pleine et entière liberté. Par exemple, en Afrique, en Amérique, en Orient, en un mot, partout où la civilisation est la moins avancée et où le chien est en grande considération, à cause des services qu'il rend, soit à la garde des habitations et des troupeaux, soit aux transports, à la chasse et même à la guerre.

On comprend, d'ailleurs, que ces cas, relativement isolés chez nous, deviendraient une catastrophe, une véritable calamité publique; là où les chiens vivent par milliers, un seul cas suffirait pour mettre tout un pays en péril et pour que le souvenir s'en perpétuât.

Le général Baron Thiébaut, chef d'état-major de l'armée du Portugal, en 1808, écrivait qu'à Lisbonne, où les chiens sont aussi nombreux qu'au Caire, ce qui n'est pas peu dire, il était sans exemple qu'il y ait eu un seul chien enragé.

De là, on en a conclu que les climats chauds n'étaient pas propres au développement de la rage.

Or, comme la rage n'est pas plus connue dans les climats froids, il faut encore en conclure que les climats tempérés

---

(1) Le docteur Bouley.

sont les seuls qui subissent ce triste privilége; cela est sans aucun doute. Ce qu'on ne saurait admettre, c'est que le climat puisse exercer une influence quelconque sur le développement du virus rabique.

On a bien signalé des cas de rage à Alger, à Alexandrie, à Trébizonde, au Pérou, etc., mais en observant toutefois que tous avaient été provoqués par des chiens amenés du dehors à la suite des étrangers.

Il n'existe pas de pays au monde, nous dit le voyageur Ermann, où le chien ne soit ni plus utile, ni plus maltraité, ni plus mal nourri que chez les tribus Sibériennes, où l'on compte environ quatre cents chiens pour soixante habitants. La rage qui causerait de si affreux ravages dans ces colonies, où bêtes et gens vivent et couchent sous la même hutte, y est heureusement un fléau inconnu. Le voyageur Steller a fait la même remarque au Kamtschatka.

Sur la rive gauche ou chrétienne du Bas-Danube, la rage y règne, dit-on, tandis que sur la rive droite ou turque elle est inconnue. Nous n'avons pas visité la rive gauche, mais nous connaissons la rive droite où nous avons vu les chiens vivant en liberté, à l'abri de cette funeste affection.

On nous affirme bien que dans les pays chauds, mais dans ces pays seulement, le développement spontané de la rage n'est pas possible. Pourquoi? C'est ce qu'on ne peut nous dire, parce qu'on repousse absolument la cause qui, cependant, nous parait présenter le plus de *probabilités*. Il nous semble, au contraire, que si la spontanéité frappe les uns, elle peut tout aussi bien frapper les autres, dans les pays chauds comme dans les pays froids ou dans les pays tempérés, et qu'il n'y a là qu'une question de cause déterminante qui existe ici et non pas là.

Nous devons à l'obligeance d'un de nos confrères, M. le docteur Bidaud, qui a fait la campagne du Mexique, des documents d'un très-haut intérêt qui viennent à l'appui de notre opinion.

Il résulte des recherches faites à ce sujet, ainsi que des renseignements tirés du journal de médecine vétérinaire à Oajaca, que la rage, quoique fort rare, n'est pas inconnue au Mexique; mais qu'il est, de notoriété publique, qu'elle n'a jamais atteint que des chiens européens importés dans le pays.

Deux cas sont signalés en 1831, et suivis de guérison

parfaite, dit-on, au moyen de l'extrait aqueux d'une plante du pays, appelée huaco, administrée soit en pilules, soit en breuvage.

En 1860, c'est-à-dire environ trente ans après les deux cas précités, on observe deux cas spontanés attribués à un chat ; l'un deux fut suivi de mort, après trois ou quatre mois d'incubation. Or, comme dans cette circonstance on ne signale pas de cas de rage canine, il y a lieu de croire que le chat est comme le chien sujet à la rage spontanée.

Pendant l'occupation française, deux cas sont signalés à l'état-major général : un spontané, sur un des chiens du général en chef ; le deuxième, par inoculation sur un chien européen comme le premier et qui en avait été mordu trois mois avant.

Un dernier cas spontané est observé en 1863 sur un chien croisé Terre-Neuve et Saint-Bernard, appartenant à un Français, établi à Mexico et qui le tenait constamment enfermé.

Ici, nous faisons cette remarque : Pourquoi cette préférence pour les chiens Européens et séquestrés, tandis que les chiens du pays qui vivent en pleine liberté sont épargnés ? Cela est facile à expliquer.

Au Mexique, comme dans certains pays que nous avons visités et habités, soit en Algérie, soit en Turquie, en Grèce, les chiens comme tous les animaux qui vivent en société, se réunissent par groupes, forment des tribus et adoptent des contrées dans les campagnes ou des quartiers dans les villes, toujours inaccessibles aux individus des autres groupes ainsi que nous l'avons observé à Constantinople par exemple, où ces tribus poursuivent avec un acharnement féroce, quiconque des tribus voisines se fourvoye parmi elles.

« A Lisbonne, disait le général Thiébaut, ces animaux
« se sont partagés les différents quartiers de cette ville
« immense ; l'ordre qu'ils ont établi entre eux et la manière
« dont ils le maintiennent est telle que celui de ces chiens
« qui quitte son quartier est dévoré par ceux du quartier
« dans lequel il s'égare (1). »

---

(1) Là, comme à Constantinople où les mœurs canines sont absolument les mêmes, les chiens sont l'objet d'une sorte de vénération de la part des habitants quoiqu'ils soient souvent fort incommodes et même dangereux pour les chevaux et pour les gens, parce que indépendamment des idées

Ce qui fait que les étrangers qui y mènent des chiens du dehors, ont grand soin de les tenir enfermés, afin de les soustraire à la dent des chiens libres, toujours hostiles à ceux de leur race qui ne sont pas nés parmi eux ; mais aussi sans se douter qu'en les sequestrant, ils les condamnent à une continence prolongée qui peut leur être funeste.

La rage est inconnue là où la continence n'existe pas, tandis qu'au contraire elle est fréquente là où la continence existe. Ces faits ne sont pas douteux. Il nous reste à en expliquer la cause.

Le chien n'est pas seulement l'ami de l'homme : il est pour lui un aide, un auxiliaire, un serviteur en mille circonstances ; forcé de restreindre son choix, c'est au mâle qu'il donne la préférence parce qu'il est plus fort, plus vigoureux, plus intelligent peut-être que la femelle ; il supporte mieux qu'elle les privations et les fatigues, il n'a pas non plus les inconvénients de cette dernière qui, pendant plusieurs mois de l'année, ne peut lui rendre aucun service ; de telle sorte que là où une chienne met bas, on conserve plus de mâles que de femelles ; souvent, on ne conserve que les mâles. D'où il résulte que le nombre de ces derniers excède considérablement celui des femelles.

Ce qui vient à l'appui de notre opinion à cet égard, c'est que les espèces ou les variétés croisées sont infiniment plus nombreuses que les espèces pures qui elles-mêmes tendent à disparaître, comme le *danois*, le *griffon*, le *barbet*, etc.

Un autre fait qui se passe de commentaires mais qu'on pourrait confirmer si les statistiques étaient établies avec plus de suite et de soins, c'est que les chiens de grande taille entretenus dans l'isolement, sont plus fréquemment atteints de la rage spontanée que les autres.

A Constantinople où les chiens se comptent non pas par centaines mais par milliers sur la voie publique qu'ils encombrent souvent, les accouplements passent inaperçus. Pendant les quelques jours que nous avons habité cette ville nous n'en avons rencontré aucun, tandis qu'en France

---

superstitieuses qu'ils attachent à leur conservation, ils les croient nécessaires pour consommer des immondices dont les rues se remplissent dès que la nuit vient, et dévorer les charognes qu'on n'enlève jamais. (*Relation de l'expédition du Portugal, en 1807 et 1808*, par le baron Thiébaut, lieutenant-général).

ces sortes de scènes sont très-communes et, par cela même, déplorables à tous les points de vue Aussi, ne voulons-nous les signaler que pour appuyer une fois de plus nos arguments. A voir ces meutes qui se précipitent sur les pas d'une chienne en rut, à voir ces animaux haletants, la bave écumante, la langue pendante, l'œil hagard, sourds à la voix de leur maître, se querellant, se battant, se mordant, jetant des cris de fureur, on se demande avec quelque inquiétude si ces chiens ne sont pas près d'être atteints de la rage.

Les chiennes, assure-t-on, subissent les mêmes influences que les mâles quoique plus rarement ; cela indiquerait que la même cause peut les atteindre ; encore n'est-il pas parfaitement prouvé que les cas signalés soient dus plutôt à la spontanéité qu'à l'inoculation.

La question de spontanéité a été l'objet de très-vives discussions : les uns la nient tandis que d'autres l'affirment ; mais en s'appuyant de part et d'autre sur des arguments incomplétement définis.

La spontanéité est un effet sans cause extérieure, apparente, connue ; par cela même, la cause prédominante existe aussi bien que la cause déterminante.

Sans doute, les cas spontanés sont beaucoup plus rares que les cas d'inoculation ; cela se comprend parce qu'un seul chien atteint de la rage fait malheureusement beaucoup de victimes avant de succomber ; mais cela ne veut pas dire que ce chien n'ait pas été atteint spontanément ; c'est-à-dire que la rage ne se soit pas développée sous l'influence d'une cause déterminante qui nous est inconnue, aussi bien que la cause prédominante.

Ainsi, par exemple, on nous cite des chiens familiers ou chiens de luxe qui, bien soignés, bien nourris, très-choyés et à l'abri de tout contact extérieur, mais par cela même, condamnés à une continence absolue, ont été atteints spontanément de la rage. Ces faits-là ne sont pas douteux le moins du monde et de plus, ils sont relativement nombreux.

On a signalé des cas de rage chez le *loup* : en admettant la spontanéité ne peut-on pas les attribuer à la même cause? Dans les pays où il est traqué, comme en France, par exemple, la supériorité de la prime accordée pour la destruction des louves, fait que ces dernières sont plus poursuivies et qu'elles disparaissent plus que les mâles, ce qui prouve que ces derniers excèdent les femelles c'est qu'ils se rapprochent quelquefois de la chienne et qu'il en résulte des accouplements féconds malgré la haine profonde qui existe entre les deux races.

En Allemagne, en Russie, en Sibérie où les loups vivent en grandes bandes, la rage y est inconnue. Il en est de même des renards et des chacals.

Le chat n'est pas à l'abri du virus rabique ainsi que nous l'avons vu; les cas sont cependant plus rares que chez le chien. Le chat n'est pas comme le chien en butte aux lois restrictives : gîtant un peu partout, plus indépendant que son rival du foyer domestique, il échappe plus facilement à la destruction de sa race et à l'inoculation surtout, par la raison qu'il fréquente le plus souvent des lieux inaccessibles au chien et que d'ailleurs les antipathies de races, les éloignent généralement l'un de l'autre.

Bien plus, c'est qu'en admettant qu'il porte comme le chien le germe du virus rabique, la cause à laquelle nous croyons pouvoir attribuer le développement de ce dernier disparaîtrait presque, par la raison que, contrairement à ce que nous avons dit à l'égard du chien mâle, c'est à la femelle du chat qu'on donne la préférence. Si le chien est l'ami de l'homme, la chatte est l'amie de la femme qu'elle séduit par ses grâces, ses câlineries et surtout par son attachement qui la retient au logis ; ce qui ne l'empêche pas, quand la nature réclame ses droits, de se rendre à l'appel du mâle qui court ordinairement les toits. Et, d'ailleurs, on sait que l'excès des femelles sur les mâles ne présentent pas les mêmes conséquences que l'excès des mâles sur les femelles. Le mâle peut couvrir plusieurs femelles, tandis que la femelle, une fois couverte, n'est plus accessible.

Pour les pays non soumis aux lois restrictives, les renseignements sont exacts, parce que là où nous n'avons pu les recueillir nous-mêmes, ou nous avons consulté les auteurs dignes de foi, ou nous avons interrogé les voyageurs, les marins, les militaires qui ont rapporté des notes précieuses de leurs excursions lointaines.

Quant aux pays plus civilisés, en France même, nous avons le regret de dire que les statistiques sont très-incomplètes à cet égard : ou elles n'embrassent que des circonscriptions partielles et restreintes, ou elles n'offrent aucune suite bien déterminée ; ou bien encore, elles n'entrent dans aucun de ces détails qui seraient de nature à éclairer la science. Ainsi, par exemple, les seuls documents que nous ayons eu sous les yeux, proviennent des écoles vétérinaires d'Alfort et de Lyon, tandis que l'école de Toulouse n'en a fourni aucun. En dehors des écoles vétérinaires, les documents sont plus rares encore.

Mais si imparfaites que soient les statistiques, si incomplets que soient les renseignements, les résultats n'en sont pas moins fort intéressants pour nous, puisque partout il a été constaté que le nombre des mâles atteints de la rage était considérablement plus grand que celui des femelles.

Il reste à savoir si les cas spontanés sont relativement plus fréquents chez l'un que chez l'autre sexe. C'est une question à laquelle aucune statistique n'est en état de répondre.

Voici d'ailleurs quelques chiffres que nous avons recueillis :

De 1853 à 1864, les registres de l'école d'Alfort portent 192 chiens enragés, dont 177 mâles et 15 femelles.

De 1851 à 1852, 45 mâles et 2 femelles ont été reçus à l'école de Lyon.

Nous trouvons ailleurs, que de 1863 à 1868, on a signalé à Alfort, croyons-nous, 248 morsures faites par des chiens, 26 par des chiennes, 5 par des chats ou chattes, 5 par des loups ou louves.

A Hambourg, du mois d'octobre 1851 à décembre 1852, sur 267 animaux reconnus enragés, il y avait 256 mâles, 10 femelles et 1 castrat. Il n'est fait mention de ce dernier cas dans aucun autre document.

Ici on signale ce fait que tous les cas se produisirent sur la rive droite de l'Elbe, tandis que pas un seul ne se rencontra dans les îles du fleuve. Il n'est pas question de la rive gauche.

Ces chiffres sont certainement très curieux, très éloquents surtout ; mais puisqu'ils dénoncent, dit-on, une plus grande prédisposition, une aptitude plus marquée à contracter la rage dans les mâles que dans les femelles, suffit-il de constater ces faits sans en chercher l'explication ?

La nature a des lois qu'on ne peut enfreindre impunément, à moins qu'on ne les supprime radicalement. Tous les animaux deviennent plus ou moins dangereux à l'époque du rut : le cheval, le taureau, le cerf entrent parfois dans des fureurs féroces ; la continence prolongée produit

— 13 —

chez tous les animaux et même chez l'homme des accidents et des désordres souvent funestes. Que ne doit-elle pas produire chez ceux qui portent en eux le germe d'un mal comme celui de la rage ?

Que ce soit par la transformation d'un fluide quelconque ou par toute autre action physiologique, il n'en est pas moins vrai qu'il s'opère un de ces phénomènes dû à une cause, qui par cela même qu'elle est inconnue, doit tenir les praticiens en éveil, en se demandant jusqu'à preuve du contraire, si la continence prolongée n'est pas la véritable cause du développement du virus rabique.

Quoiqu'on ait cherché à démontrer que la rage n'était pas aussi redoutable qu'on se l'imaginait généralement ; que la maladie en elle-même n'était pas aussi douloureuse que bien d'autres, que les seuls efforts de la nature suffisent le plus souvent à la guérison. Préjugés ou non, il n'en reste pas moins acquis à notre esprit que la rage est un fléau qu'il est utile de combattre par tous les moyens possibles, et que tout en cherchant le remède on ne doit négliger en aucune façon le soin d'en rechercher la cause.

Il nous reste à indiquer en peu de mots les moyens qui nous paraissent les plus efficaces pour prévenir le danger qui nous préoccupe depuis bien longtemps.

Nous avons dit qu'on ne pouvait sans crainte enfreindre les lois de la nature, à moins de les supprimer radicalement ; la castration est un moyen employé déjà, non-seulement pour réduire un excédant de forces souvent dangereux chez certains animaux, mais encore pour améliorer certains éléments propres à l'alimentation (1).

Nous ne voulons pas plus la destruction de la race canine que sa promiscuité : la première nous priverait d'un animal dont les services nous sont précieux ; la dernière a pour les peuples civilisés des inconvénients insupportables qui ne se font pas sentir ailleurs.

Sans doute la castration, en supprimant les qualités viriles de l'individu modifie tout l'organisme en l'affaiblissant ; mais ces modifications ne s'opèrent pas de la même manière chez tous. Chez l'homme, par exemple, la perte de la virilité, quand elle a lieu par accident n'entraine pas toujours l'affaiblissement de ses autres facultés. Il n'en est pas de même chez ceux qui la perdent dès leur jeune âge,

(1) M. le Dr Gourdon.

comme les eunuques de l'Orient et les soprani italiens; ceux-ci, les premiers surtout, gagnent en vices ce qu'ils perdent en virilité : l'astuce, la lâcheté, la cupidité, etc., sont ordinairement le partage de ces êtres dégradés; et s'il y a eu des exceptions, elles ont été si rares qu'elles ne valent pas la peine qu'on en parle.

Le taureau dont on fait le bœuf perd de sa vigueur et de son énergie, mais il perd peu de sa force.

Le chapon engraisse et se fait couveuse.

Le cheval ne perd que son indomptabilité et quelque peu de sa force, tandis qu'il conserve beaucoup de sa vigueur, de son énergie et de son courage, que d'autres perdent si facilement. Ainsi, par exemple, nos chevaux de guerre qui, en grande partie sont hongres, donnent, malgré leur mutilation, des preuves d'une grande valeur d'action.

Sait-on bien si la castration du chien nuirait sensiblement aux qualités qui lui sont nécessaires soit pour la chasse, soit pour la garde? C'est à étudier.

Quand aux mesures préventives, les voici telles que nous les comprenons, parce qu'elles sont partiellement en usage dans certains pays, tandis qu'elles devraient se généraliser et que nous croyons qu'elles répondent mieux que d'autres au sentiment public comme à la sûreté des populations :

1° Vulgariser la castration.

2° Fixer l'impôt de façon à favoriser le conservation des femelles, c'est-à-dire :

Taxe entière pour les chiens entiers,
Demi taxe pour les femelles et les castrats.

3° Etablissement de chenils publics ou privés pour faciliter les accouplements hors de la voie publique, et, par conséquent, soustraire les chiens aux effets probables de la continence prolongée.

Cette mesure permettrait de perfectionner les races utiles et amènerait la régénération des espèces.

En tout cas, ne jamais séquestrer les chiens sans mélanger les sexes (1).

4° Soumettre en tout temps et *rigoureusement* le chien à la muselière sur la voie publique. C'est une grave erreur que de croire à la mauvaise influence qu'elle exerce sur l'animal; elle est infiniment moins cruelle que le collier de force du dresseur ou le fouet à outrance du piqueur.

(1) Cette mesure s'applique également aux chats.

5° Supprimer *absolument* l'usage du poison dans les mesures administratives comme portant une grave atteinte au sentiment public, à l'hygiène aussi bien qu'à la propriété. Y substituer le système de fourrière comme à Strasbourg, à Grenoble, à Marseille et ailleurs. Le poison détruit quand même, souvent arbitrairement et sans atteindre complètement le but, parce qu'étant employé périodiquement, il n'est qu'une demi mesure ; tandis que la fourrière poursuit sans cesse son œuvre sans pour cela détruire plus que de raison.

6° Répandre à profusion des instructions propres à prévenir le mal et à faire connaître les moyens les plus prompts et les plus efficaces pour le combattre au besoin. Rechercher et indiquer les caustiques les plus propres à la cautérisation immédiate, plus faciles à appliquer, moins dangereux et pénétrant mieux toutes les parties de la plaie que le fer chaud. L'acide phénique et le perchlorure de fer du docteur Rodel, sont des substances dont l'emploi est généralement recommandé aujourd'hui.

7° Application *plus rigoureuse* des art. 1382, 1383 et 1385 du Code Civil sur cette matière.

Depuis la lecture de cette notice, M. Limousin-Lamothe, d'Albi, a bien voulu nous communiquer une brochure publiée en 1860 et dans laquelle il cite, à l'appui d'une opinion qu'il partage avec nous, celles de trois savants qui n'hésitent pas à affirmer que la rage spontanée chez le chien ne peut être dûe qu'à la continence prolongée. Le premier est le docteur Grœuve qui écrivait, à ce sujet, en 1848 ; puis le docteur Cappello, en 1834, et enfin, le docteur Cœur, professeur à l'école de médecine de Caen, qui a publié une note en 1856, dans laquelle il considérait comme parfaitement vraies les opinions des premiers, en ajoutant qu'à l'époque du rut, sous l'influence de l'ardeur vénérienne qui dévore le chien, il se fait vers les organes génitaux une sécrétion inutile et bientôt nuisible, si l'émission lui est interdite.

Si absolues que paraissent ces opinions, nous croyons que ces messieurs leur eussent acquis une plus grande autorité, s'ils avaient donné sur les causes de la continence prolongée comme sur ses effets, des explications basées sur des faits connus. C'est précisément cette lacune qu'on rencontre chez les auteurs, que nous avons cherché à combler.

Dans tous les cas, nous sommes heureux de nous trouver en communauté d'idées sur ce grave sujet avec des praticiens estimés, et nous remercions M. Limouzin-Lamothe de nous les avoir fait connaître.

Au moment de mettre sous presse, on nous communique deux assertions contradictoires qui, tout en voulant combattre l'opinion que nous soutenons, viennent l'appuyer à leur insu.

L'auteur de l'une, tirée du *Recueil des travaux des conseils d'hygiène publique du Tarn de 1857 à 1861*, page 131, nous dit que sur trente chiens qu'une femelle conduisait, un seul, le plus fort, était privilégié et qu'il n'a jamais appris qu'aucun chien soit devenu enragé, malgré les appétits vénériens qui étaient en jeu.

Tandis que l'auteur de l'autre, extraite du *Recueil de Médecine Vétérinaire* du mois de mars dernier, affirme à son tour que : « L'observation prouve que *la rage* se déve-
« loppe surtout dans la catégorie des libertins qui forment
« toujours, autour des femelles en folie, une ceinture serrée
« de combattants acharnés et d'amoureux en délire. »

Nous ne saurions dire s'il y a chez les animaux des fous et des sages, des libertins et des chastes, la question n'est pas là ; mais il ressort évidemment de ces deux assertions que si, dans le premier cas, la rage ne s'est pas déclarée parmi les poursuivants, c'est que probablement chez eux la nature a pu être satisfaite ; tandis que les *acharnés* du second sont précisément ceux qui n'ont pu atteindre l'objet de leur ardente convoitise.

Ce qui nous fait dire avec plus de conviction encore, que LA CONTINENCE PROLONGÉE EST LA CAUSE DÉTERMINANTE DE LA RAGE.

Toulouse, imprimerie Rives et Privat, rue Tripière, 9.

www.ingramcontent.com/pod-product-compliance
Lightning Source LLC
Chambersburg PA
CBHW071415060426
42450CB00009BA/1899